Nicole Schäufler

Schwanger im Advent

Ein Adventskalender für alle werdenden Mütter

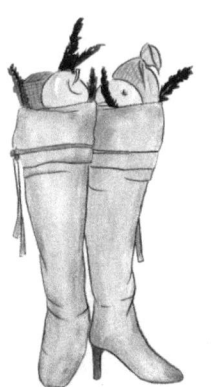

edition
riedenburg

Inhalt

Für alle werdenden
Mamas und für dich:

_____

In der Weihnachtszeit schwanger zu
sein ist etwas ganz Besonderes.

Du weißt, dass du das größte Geschenk der Welt in dir trägst. So bekommt das Wort „Vorfreude" eine ganz andere Dimension.

Dieser Kalender begleitet dich durch den Advent.

Ab dem ersten Dezember kannst du jeden Tag eine Seite umschlagen, als würdest du ein Türchen öffnen. Dich erwarten Bilder, Lieder, Gedichte, Rezepte und viele interessante Geschichten rund um verschiedene Schwangerschaftssymbole in der Weihnachtszeit. Du wirst staunen, wie viele existieren, und am Ende feststellen:

Ohne schwangere Frauen gäbe
es Weihnachten gar nicht.

I. Dezember

Das erste Türchen zu öffnen, ist
immer ein magischer Moment.

Sicher fühlst du dich dabei in deine Kindheit zurückversetzt. Adventskalender gibt es schon seit dem 19. Jahrhundert. Damals hängte man 24 kleine Bilder auf. Oder man malte 24 Kreidestriche an den Türpfosten und die Kinder wischten jeden Tag einen aus. Oft war der Kalender Sache der Mütter. Sie wollten ihren Kindern die Wartezeit bis zum Fest verkürzen.

In den nächsten Jahren darfst auch du im Advent einen Kalender für dein Kind aufhängen.

Die strahlenden Augen, die dich dann am
I. Dezember anschauen werden, sind unvergleichlich.

Einfaches Rezept für 24 wunderbare Schokoladenplätzchen

Du brauchst:

170 g Zucker

260 g Mehl

40 g Kakao

200 g Butter

1 Eigelb

50 g Schokoladenglasur

Zucker, Mehl und Kakao mischen, dann mit Butter und Eigelb verkneten. Den Teig eine Stunde kühl stellen, anschließend ausrollen und ausstechen. Plätzchen bei 180 Grad Celsius 10 Minuten backen. Abkühlen lassen und mit Glasur überziehen.

In einem schönen Glas mit Schleife sind diese Plätzchen auch ein feines Mitbringsel.

Ihr Kinderlein kommet

Ihr Kinderlein kommet, o kommet doch all!
Zur Krippe her kommet in Betlehems Stall
und seht, was in dieser hochheiligen Nacht
der Vater im Himmel für Freude uns macht.

O seht in der Krippe im nächtlichen Stall,
seht hier bei des Lichtleins hellglänzendem Strahl
in reinlichen Windeln das himmlische Kind,
viel schöner und holder, als Engelein sind.

Text: Christoph von Schwind, 1798/1811
Melodie: Johann Abraham Peter Schulz, 1790

2. Dezember

Eine sehr bekannte Frauengestalt in
der Winterzeit ist Frau Holle.

Du kennst sie aus dem Märchen der Gebrüder Grimm.
Dort ist sie die Herrin über den Schnee.

Außerdem belohnt sie die fleißige Marie mit Gold und
bestraft die faule Marie mit Pech. Die Sagengestalt
der Frau Holle hat eine lange Tradition. In vielen
Regionen, vor allem in Hessen und Thüringen, gilt sie
als Schutzmächtige der Frauen und Mädchen.

Mancherorts wurde sie als Hüterin der ungeborenen
Kinder verehrt oder wurde bei Unfruchtbarkeit
von den Frauen um Hilfe gerufen.

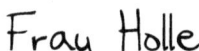

Frau Holle

Endlich kam es zu einem kleinen Haus, daraus guckte eine alte Frau. Weil sie aber so große Zähne hatte, wurde ihm Angst, und es wollte fortlaufen.

Die alte Frau aber rief ihm nach: „Fürchte dich nicht, liebes Kind, bleib bei mir, wenn du alle Arbeit im Hause ordentlich tun willst, so soll es dir gutgehen. Du musst nur recht darauf achtgeben, dass du mein Bett gut machst und es fleißig aufschüttelst, dass die Federn fliegen, dann schneit es auf der Welt; ich bin die Frau Holle."

Ausschnitt nach der Überlieferung der Brüder Grimm

Bestimmt hast auch du noch ein Märchenbuch im Schrank. Hol' es doch heute Abend heraus und forsche nach anderen sagenhaften Frauen.

Schneeflöckchen, Weißröckchen

Schneeflöckchen, Weißröckchen,
wann kommst du geschneit?
Du wohnst in den Wolken,
dein Weg ist so weit.

Komm setz dich ans Fenster,
du lieblicher Stern,
malst Blumen und Blätter,
wir haben dich gern.

Schneeflöckchen, Weißröckchen,
komm zu uns ins Tal.
Dann bau'n wir den Schneemann
und werfen den Ball.

Text: Hedwig Haberkorn, 1869
Melodie: unbekannte Herkunft

3. Dezember

Wunschzettel gibt es schon seit rund 300 Jahren. Im 18. Jahrhundert hießen sie „Weihnachtsbriefe". Geschenke waren darin kein Thema, die Kinder verfassten die Briefe als Dankesschreiben an ihre Eltern und Paten – wahrscheinlich nicht immer freiwillig.

Später erst kam es in Mode, dass die Kinder auch Wünsche äußern durften. Dafür lieferten geschäftstüchtige Hersteller von Spielwaren gleich Vordrucke mit Bildern zum Ankreuzen.

In diesem Jahr solltest du es dir nicht nehmen lassen, selbst einen Wunschzettel zu kreieren. Bestimmt hast du Wünsche für dich oder dein Kind.

Durch schönes Papier und aufgehängt an einer edlen Schnur an einem sichtbaren Platz wird aus deinem Wunschzettel ein echter Hingucker und später ein schönes Andenken.

Mein Wunschzettel

Morgen kommt der Weihnachtsmann

Morgen kommt der Weihnachtsmann,
kommt mit seinen Gaben.
Äpfel, Nüsse wünsch ich mir,
Zottelbär und Panthertier,
Ross und Esel, Schaf und Stier,
möcht' ich gerne haben!

Doch du weißt ja unser'n Wunsch,
kennest uns're Herzen.
Kinder, Vater und Mama,
auch sogar der Großpapa,
alle, alle sind wir da,
warten dein mit Schmerzen.

Text: in Anlehnung an Heinrich Hoffmann von Fallersleben, 1835
Melodie: von dem französischen Lied *Ah! vous dirai-je, Maman*, 1761

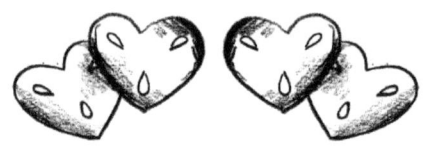

4. Dezember

Der 4. Dezember ist im Christentum der Gedenktag der Heiligen Barbara.

Wer an diesem Tag die Zweige eines Kirschbaums oder eines anderen Obstgehölzes in eine Vase stellt, soll am Weihnachtsabend ihre Blüten aufgehen sehen. Das bringt Glück fürs nächste Jahr.

Der Brauch geht auf den Weg der Heiligen Barbara ins Gefängnis zurück, bei dem sie mit ihrem Kleid an einem Zweig hängenblieb und dieser abbrach. Sie stellte den Zweig daraufhin ins Wasser, und er blühte am Tag ihres Todes.

Barbara ist unter anderem Schutzpatronin der jungen Mädchen. Diese nutzten die Barbara-Zweige früher als Orakel: Jeder Zweig wurde nach einem Verehrer benannt.

Wessen Zweig zuerst blühte, wurde Bräutigam.

Ganz fein und schnell gemacht:
Barbarablüten-Girlande

Material:

Verschiedenes Papier mit Blütendruck • farblich passende Perlen • Schnur • Schere, Kleber, Kreisschablone ca. 7 cm

So geht's:

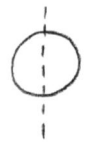

1. Pro Blütenball acht Papierkreise ausschneiden und zu Halbkreisen falten.

2. Halbkreise an der Rückseite zusammenkleben, letzte Klebefläche aussparen.

3. Schnur in den Falz des Blütenballs legen und letzte Klebefläche zusammenkleben.

Perlen auffädeln und weiter mit dem nächsten Blütenball

Die Kette ist auch ein schönes Geschenk zum baldigen Nikolaustag.

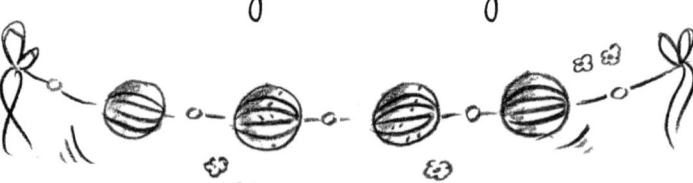

Guten Abend, schön Abend

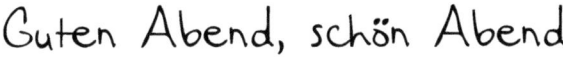

Guten Abend, schön Abend,
es weihnachtet schon.

Guten Abend, schön Abend,
es weihnachtet schon.
Am Kranze, die Lichter, die leuchten so fein,
sie geben der Heimat einen helllichten Schein.

Text: Volkslied aus Kärnten ~ gekürzt ~
Melodie: erstmals 1798 mit anderem Text von Josef Salzwimmer aufgezeichnet

5. Dezember

Vielleicht hat auch dich schon
das Back-Fieber ereilt.

Weihnachtsgebäck stellten bereits die Mönche und Nonnen in den mittelalterlichen Klöstern her. Hildegard von Bingen wusste von der stimmungsaufhellenden Wirkung von Muskat in Weihnachtsplätzchen zu berichten.

In privaten Haushalten lag die Plätzchenbäckerei in den Händen der Hausfrau. Sie buk nach überlieferten Familienrezepten Vanillekipferl, Butterplätzchen, Brezeln, Bethmännchen, Lebkuchen, Spritzgebäck, Anisplätzchen, Zimtsterne, Kokosmakronen – Da bekommt man schon beim Aufzählen Appetit.

Bestimmt hast auch du ein Lieblingsrezept.

Der beliebte Klassiker: Vanillekipferl

Du brauchst:

250 g Mehl

100 g geriebene Mandeln

100 g Zucker

200 g Butter

50 g Puderzucker

5 Päckchen Vanille-Zucker

Zuerst Mehl, Mandeln und Zucker vermengen, dann mit der Butter verkneten. Teig kühl stellen und ruhen lassen (am besten über Nacht). Kipferl formen. Bei 180 Grad Celsius rund zehn Minuten backen. Dann noch warme Kipferl in einer Mischung aus Puderzucker und Vanillezucker wälzen.

Backe, backe Kuchen

Backe, backe Kuchen,
der Bäcker hat gerufen.
Wer will guten Kuchen backen,
der muss haben sieben Sachen:
Eier und Schmalz,
Zucker und Salz,
Milch und Mehl,
Safran macht den Kuchen gehl!
Schieb, schieb in'n Ofen 'nein.

Text: aus Sachsen oder Thüringen, um 1840
Melodie: Volksweise

6. Dezember

Heute legt der Nikolaus in vielen Regionen Süßigkeiten und kleine Geschenke in die geputzten Stiefel.

Dieser Brauch gehen auf die Gestalt des Heiligen Nikolaus von Myra zurück. Um ihn ranken sich viele Legenden, unter anderem ist er auch Schutzpatron der Liebenden, der Gebärenden und der Kinder.

Im englischen Sprachraum ist Santa Claus mit der Figur des Weihnachtsmanns verschmolzen. Über die Frau des Nikolauses – im wahren Leben oft die eigentliche Stiefel-Befüllerin – ist nicht viel bekannt. Aber mit seiner Interpretation des Songs „Mrs. Santa Claus" hat Nat King Cole ihr ein Denkmal gesetzt und stellt eindeutig fest:

„Wer liest die Wunschzettel der Jungen und Mädchen?
Wer legt die Reihenfolge der Geschenke fest?
Wer füllt jedes Herz mit wunderbarer Freude?
Das ist Frau Santa Claus."

Schöner Kinderspaß: Weihnachtskugeln zum Aufpusten

Material:

Papier mit weihnachtlichem Muster (Quadrate, Format ca. 20 x 20 cm)

So geht's:

1. Papierbogen einmal längs und einmal quer falten; außerdem über beide Diagonalen falten.

2. Papierbogen am Querfalz zusammenlegen und beide Seiten entlang der Diagonalfalze einfalten, so dass eine Dreieckform entsteht.

3. Die vier äußeren Spitzen nach oben falten.

4. Die äußeren Ecken des entstehenden Vierecks in die Mitte falten, so dass sich ein Sechseck ergibt.

5. Die Spitzen am oberen Ende des Sechsecks knicken und in die eben zur Mitte gefalteten Ecken schieben (wie kleine Tüten).

6. In das kleine Loch am unteren Ende des Sechsecks kräftig hineinpusten.

Lasst uns froh und munter sein

Lasst uns froh und munter sein
und uns recht von Herzen freun!
Lustig, lustig, trallalala!
Bald ist Nikolausabend da.

Dann stell' ich den Teller auf,
Nik'laus legt gewiss was drauf.
Lustig, lustig, trallalala!
Bald ist Nikolausabend da.

Wenn ich schlaf', dann träume ich,
jetzt bringt Nik'laus was für mich.
Lustig, lustig, trallalala!
Bald ist Nikolausabend da.

Wenn ich aufgestanden bin,
lauf' ich schnell zum Teller hin.
Lustig, lustig, trallalala!
Bald ist Nikolausabend da.

Nik'laus ist ein guter Mann,
dem man nicht genug danken kann.
Lustig, lustig, trallalala!
Bald ist Nikolausabend da.

Text: unbekannter Autor, vermutlich 19. Jh.
Melodie: unbekannter Komponist, vermutlich 19. Jh.

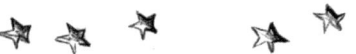

29

7. Dezember

Auch Weihnachtslieder können die Entwicklung deines Babys positiv beeinflussen:

Ab der 23. Schwangerschaftswoche kann es Geräusche bewusst wahrnehmen. Das Baby hört deine Stimme, Herzschlag, Magenknurren. Etwa ab der 35. Woche kann dein Baby Tonhöhen unterscheiden. Es erkennt Sprachrhythmen und Lieder. Die beste Zeit also, um mit einigen Adventsliedern das Gehör zu fördern.

Weihnachtslieder gehen ursprünglich auf kirchliche Gesänge von Mönchen und Nonnen in Latein zurück. Außerdem spielte bei der Entstehung der Lieder die Tradition des Kindelwiegens eine wichtige Rolle.

Dabei schaukelten in der Weihnachtszeit Nonnen oder auch Kinder die Figur des Christkinds in einer Wiege und sangen dazu.

Kleines Textbuch für den Weihnachtsabend

1. Kopiere die Texte deiner zehn liebsten Weihnachtslieder (Format A5 oder A6). Die Anzahl richtet sich nach Gästezahl am Weihnachtsabend.

2. Gestalte ein Titelblatt für das Textbuch und kopiere die entsprechende Anzahl farbig.

Hefte alle Seiten zusammen und singe am Weihnachtsabend gemeinsam mit den Gästen.

Textprobleme sind dann kein Thema mehr. Das Ganze lässt sich über viele Jahre verwenden.

Auch für Kinder sind die kleinen Liederbücher eine schöne Bastelei.

Joseph, lieber Joseph mein

Joseph, lieber Joseph mein,
hilf mir wiegen mein Kindelein,
Gott, der wird dein Lohner sein
im Himmelreich, der Jungfrau Sohn Maria. ~ Eia! Eia!

Gerne, liebe Maria mein,
helf ich dir wiegen das Kindelein.
Gott, der wird mein Lohner sein
im Himmelreich, der Jungfrau Sohn Maria. ~ Eia! Eia!

Freu dich nun, o Christenschar,
der himmlische König klar
nahm die Menschheit offenbar,
den uns gebar die reine Magd Maria. ~ Eia! Eia!

Süßer Jesu, auserkor'n,
weißt wohl, dass wir war'n verlor'n,
still uns deines Vaters Zorn,
dich hat gebor'n die reine Magd Maria. ~ Eia! Eia!

Text: aufgezeichnet nach einem Salzburger Mönch, um 1400
Melodie: nach dem lateinischen Weihnachtshymnus *Resonet in laudibus*

8. Dezember

Wirst du in der Weihnachtszeit auch zur Bastelkönigin?

Im Advent gehören für viele Frauen selbst kreierte Gestecke, Deko-Objekte und Geschenke einfach dazu. Die in Handarbeit hergestellten Geschenke sind ein viel älterer Brauch als alle heutigen Einkaufsrituale.

Gerade Frauen, die früher über weit weniger Geld verfügten als die Männer, mussten erfinderisch sein. So schenkte man eine selbstbemalte Schachtel aus Holz, ein selbstgestricktes Tuch aus feiner Wolle, einen selbstgebackenen kleinen Kuchen. Kinder bekamen eine selbstgenähte Puppe oder ein selbstgeschnitztes Steckenpferd.

Alles ohne viel Geld, aber mit Liebe gemacht.

Symbol der werdenden Mütter: Kugelrunde Sterne

Material:

8 quadratische Papierbögen mit verschiedenen weihnachtlichen Mustern (ca. 12 x 12 cm) • Schnur • Kreisschablone oder Zirkel • Schere, Kleber

So geht's:

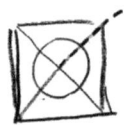

1. Quadratischen Papierbogen diagonal falzen und in der Mitte einen Kreis einzeichnen (Durchmesser ca. 10 bis 12 cm).

2. Kreis ausschneiden und an einem Falz bis zur Mitte einschneiden.

3. Die vier Rundungen zwischen den Falzdiagonalen nach außen knicken.

4. Eine der vier Rundungen (neben dem eingeschnittenen Falz) anschließend abschneiden.

5. Die abgeschittene Seite (Dreieckform) über die benachbarte legen und die Fläche dort festkleben.

6. Das Ganze mit den anderen sieben Papierbögen wiederholen, so dass insgesamt acht kleine Dreieckhüte entstehen.

7. Zum Schluss die jeweils nach außen geknickten Rundungskanten der Dreieckhüte aneinanderkleben.

Fröhliche Weihnacht überall

„Fröhliche Weihnacht überall!",
tönet durch die Lüfte froher Schall.
Weihnachtston, Weihnachtsbaum,
Weihnachtsduft in jedem Raum!
„Fröhliche Weihnacht überall!",
tönet durch die Lüfte froher Schall.

Darum alle stimmet
in den Jubelton,
denn es kommt das Licht der Welt
von des Vaters Thron.
„Fröhliche Weihnacht überall!" ...

Licht auf dunklem Wege,
unser Licht bist du;
denn du führst, die dir vertrau'n,
ein zu sel'ger Ruh'.
„Fröhliche Weihnacht überall!" ...

Was wir ander'n taten,
sei getan für dich,
dass bekennen jeder muss,
Christkind kam für mich.
„Fröhliche Weihnacht überall!" ...

Text: aus England, 19. Jahrhundert,
Melodie: unbekannte Herkunft

37

9. Dezember

Der heute so beliebte Weihnachtsmann
sollte uns nicht vergessen lassen:

Das Weihnachtsfest und die Adventszeit beruhen auf Maria und ihrer Schwangerschaft. Advent heißt auf Latein ursprünglich „Adventus Domini", also „Ankunft des Herrn". Es bezeichnet die Zeit, als Maria hochschwanger war. In der männlich dominierten Kirchentradition spielte das weibliche Thema Schwangerschaft trotzdem die geringere Rolle: Wesentlicher war der erwartete Herr.

Der runde Bauch Marias findet sich jedoch indirekt in vielen Symbolen wieder.

So kam im 19. Jahrhundert der Adventskranz auf,
dessen wunderbar runde Form keiner Schwangeren
als Zufall erscheinen kann.

Aus dem Lukas-Evangelium

Es begab sich aber zu der Zeit, dass ein Gebot von dem Kaiser Augustus ausging, dass alle Welt geschätzt würde …

Da machte sich auf auch Josef aus Galiläa, aus der Stadt Nazareth, in das jüdische Land zur Stadt Davids, die da heißt Bethlehem, weil er aus dem Hause und Geschlechte Davids war, damit er sich schätzen ließe mit Maria, seinem vertrauten Weibe; die war schwanger.

Und als sie dort waren, kam die Zeit, dass sie gebären sollte. Und sie gebar ihren ersten Sohn und wickelte ihn in Windeln und legte ihn in eine Krippe; denn sie hatten sonst keinen Raum in der Herberge.

(Lukas 2,1-7)

Auf dem Berge, da wehet der Wind

Auf dem Berge, da wehet der Wind,
da wieget Maria ihr Kind,
sie wiegt es mit ihrer schneeweißen Hand,
sie hat dazu kein Wiegenband.
„Ach, Joseph, liebster Joseph mein,
ach, hilf mir wiegen mein Kindelein!"
„Wie soll ich dir denn dein Kindlein wiegen?
Ich kann ja kaum selber die Finger biegen."
Schum, schei, schum, schei.

Text: Volksgut aus Schlesien
Melodie: Volksweise

10. Dezember

Schön rundlich kommen im Winter
auch die Schneemänner daher.

Ihre dicken Bäuche verleihen ihnen Stabilität. Vielleicht geht es dir auch so: Für viele Frauen hat eine Schwangerschaft etwas Erfüllendes und Stabilisierendes. Sie fühlen sich ganz bei sich.

Obwohl Schnee bereits seit Menschengedenken vom Himmel schwebt, verbreiten sich Schneemänner erst ab dem 18. Jahrhundert. Als Symbol des Winters sind es zunächst jedoch keine Sympathieträger, sondern eher Schreckgestalten.

Erst als mehr Komfort bei Kleidung und Wohnraum aufkam und der Winter nicht mehr unbedingt lebensbedrohlich war, wurde auch der Schneemann freundlicher.

Schneefrauen zählen jedoch noch
immer zur Avantgarde.

Rezept für Kalorienbewusste:
Zitronen-Mohn-Plätzchen ohne Zucker

Du brauchst:

150 g Mehl

80 g Reissirup

100 g Butter

2 Esslöffel Mohn

unbehandelte Zitronenschale

Die Butter mit dem Sirup vermengen, dann das Mehl einrühren. Geriebene Zitronenschale und Mohn dazugeben und alles gut durchkneten. Anschließend aus dem Teig 20 kleine Kugeln formen und flachdrücken. Bei 160 Grad Celsius (Umluft) rund 15 Minuten im Ofen backen.

Leise rieselt der Schnee

Leise rieselt der Schnee.
Still und starr liegt der See.
Weihnachtlich glänzet der Wald:
Freue dich, Christkind kommt bald.

In den Herzen ist's warm.
Still schweigt Kummer und Harm.
Sorge des Lebens verhallt:
Freue dich, Christkind kommt bald.

Bald ist heilige Nacht.
Chor der Engel erwacht.
Horch' nur, wie lieblich es schallt:
Freue dich, Christkind kommt bald.

Text: Eduard Ebel, 1895
Melodie: Volksweise

45

II. Dezember

Schwanger sein heißt immer auch Warten.

Darin gleicht eine Schwangerschaft der Adventszeit, die ja eine Wartezeit auf das Weihnachstfest darstellt.

Da gibt es auch Phasen der Ungeduld. Besonders lang wird die Zeit vielen schwangeren Frauen, wenn sie auf die Ergebnisse einer Untersuchung warten oder im Ungewissen sind, ob es ihrem Kind gut geht. Dergleichen gedanklich wegzuschieben war auch im Advent noch nie einfach.

So passen zur Weihnachtszeit nicht nur fröhliche, sondern auch viele besinnliche und nachdenkliche Lieder und Gedichte. Manchmal hilft es, anderen etwas Gutes zu tun.

So lässt sich die Wartezeit sinnvoll und mit zufriedenerem Herzen überbrücken.

Für Leib und Seele:
Englisches Shortbread

Du brauchst:

150 g Butter

100 g Zucker

1 Prise Salz

250 g Mehl

Mehl, Zucker und Salz mischen und anschließend mit Butter verkneten. Mindestens eine Stunde kühl stellen. Teig dann dick ausrollen (1 cm), mit einer Gabel einstechen und bei 180 Grad Celsius ca. 15 min backen. Noch heiß in Streifen schneiden.

Wer rundes Shortbread bevorzugt, kann den Teig auch zu einer Rolle formen, Scheiben schneiden und diese – etwas kürzer – backen.

Alle Jahre wieder

Alle Jahre wieder
kommt das Christuskind
auf die Erde nieder,
wo wir Menschen sind.

Kehrt mit seinem Segen
ein in jedes Haus,
geht auf allen Wegen
mit uns ein und aus.

Ist auch mir zur Seite,
still und unerkannt,
dass es treu mich leite
an der lieben Hand.

Text: Wilhelm Hey, 1837
Melodie: Friedrich Silcher, 1827

12. Dezember

Unter einer dicken Decke auf dem Sofa sitzen und den Lieblingsfilm anschauen oder lesen –

... diese ruhigen Momente darfst du genießen. Dein nächster Advent wird ohne Zweifel weniger Gelegenheit dazu bieten. Dein Baby bestimmt dann deinen Rhythmus und wird dich oft im gemütlichsten Moment wieder auf die Füße bringen.

Wenn du jetzt noch arbeitest, wirst du dich sicher um so mehr auf die beiden Feiertage freuen. Bei der Zahl der Feiertage pro Jahr liegt Deutschland mit acht Tagen (Feiertage an Sonntagen nicht mitgezählt) übrigens weltweit auf den hintersten Rängen.

Spitzenreiter mit 28 Feiertagen ist Nepal, gefolgt von vielen anderen asiatischen Staaten.

Charles Dickens: Der Weihnachtsabend

Endlich kam die Feierabendstunde ...

„Sie wollen den ganzen Tag morgen haben, vermute ich", sagte Scrooge. „Wenn es Ihnen passt, Sir." „Es passt mir nicht", sagte Scrooge, „und es gehört sich nicht. Wenn ich Ihnen eine halbe Krone dafür abzöge, würden Sie denken, es geschähe Ihnen recht, nicht?"

Der Diener antwortete mit einem gezwungenen Lächeln.

„Und doch", sagte Scrooge, „denken Sie nicht daran, dass mir unrecht geschieht, wenn ich einen Tag Lohn für einen Tag Faulenzen bezahle."

Der Diener bemerkte, dass es nur einmal im Jahr geschähe.

„Eine armselige Entschuldigung, um an jedem fünfundzwanzigsten Dezember eines Mannes Tasche zu bestehlen", sagte Scrooge, indem er seinen Überrock bis an das Kinn zuknöpfte. „Aber ich vermute, Sie wollen den ganzen Tag frei haben. Sie werden den ganzen Vormittag hier sein." Der Diener versprach, dass er kommen wolle ...

~ Auszug ~

Kling, Glöckchen, klingelingeling

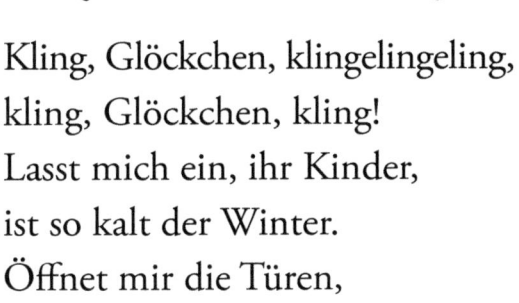

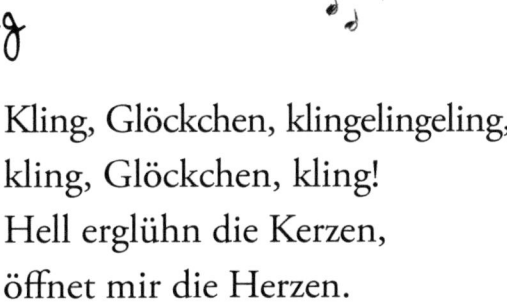

Kling, Glöckchen, klingelingeling,
kling, Glöckchen, kling!
Lasst mich ein, ihr Kinder,
ist so kalt der Winter.
Öffnet mir die Türen,
lasst mich nicht erfrieren!

Kling, Glöckchen, klingelingeling,
kling, Glöckchen, kling!
Mädchen, hört, und Bübchen,
macht mir auf das Stübchen.
Bring euch viele Gaben,
sollt euch dran erlaben.

Kling, Glöckchen, klingelingeling,
kling, Glöckchen, kling!
Hell erglühn die Kerzen,
öffnet mir die Herzen.
Will drin wohnen fröhlich,
frommes Kind, wie selig.

Kling, Glöckchen, klingelingeling,
kling, Glöckchen, kling!

Text: Karl Enslin, 1854 ~ gekürzt ~
Melodie: unbekannte Herkunft

53

13. Dezember

Der 13. Dezember ist der Gedenktag
der heiligen Lucia.

Lucia lebte um das Jahr 300 in Italien und wurde der Legende nach verurteilt, weil sie jungfräulich bleiben wollte. Ihr Name bedeutet „die Leuchtende". Lucia ist jeodch nicht nur eine kirchliche Heilige, sondern auch eine der großen Frauengestalten im nordeuropäischen Brauchtum.

In Schweden bzw. Nordeuropa feiern die Menschen ihr zu Ehren das Luciafest. Dann ziehen junge Mädchen in weißen Kleidern und mit Lichterkrone auf dem Kopf durch den Ort und singen Lieder zu Ehren der Lichtbringerin. Diese Tradition stammt noch aus einer Zeit, als der 13. Dezember aufgrund einer anderen Kalenderführung mit der Wintersonnenwende zusammenfiel.

Mit dem Erscheinen Lucias an genau diesem Tag siegte
das Licht über die Dunkelheit.

Aus dem hohen Norden:

Rezept für schwedische Lussekatter

Du brauchst:

150 ml Milch • 25 g Hefe (1/2 Würfel)

1 Messerspitze gemahlenen Safran

350 g Mehl • 50 g Zucker

1 Ei und 1 Eigelb • 50 g Butter • Rosinen

Milch erwärmen und die Hefe zerbröseln und einstreuen. Dann den Safran einrühren. Das Mehl in eine große Schüssel geben und in der Mitte eine Mulde formen, dort die Milch mit Hefe, Zucker und einer Prise Salz einrühren. Ei und Butter dazugeben und alles verkneten. Eine Stunde gehen lassen.

Den Teig in 20 Teile teilen und daraus Teig-Stränge rollen. Jeden Strang zu einem S formen und noch einmal 10 Minuten gehen lassen, dann mit verquirltem Eigelb bepinseln. Je zwei Rosinen eindrücken und im vorgeheizten Backofen (225 Grad Celsius bei Umluft) zehn Minuten backen.

Santa Lucia

Schön glänzt des Mondes Licht am Himmelsbogen,
sanft weh'n die Lüfte, still sind die Wogen.
Mein Nachen harret hier, kommt steiget ein zu mir.
Santa Lucia! Santa Lucia!

In Zephirs Hauche, o welch Vergnügen,
auf ebnen Fluten sanft sich zu wiegen!
Kommt denn und steiget ein bei Lunas Silberschein.
Santa Lucia! Santa Lucia!

O warum zaudert ihr? Seht, welch ein Abend!
Heut' weh'n die Lüfte so kühl und labend.
Mein Nachen harret hier, kommt, steiget ein zu mir.
Santa Lucia! Santa Lucia!

Text: deutsche Fassung unbekannter Herkunft nach dem italienischen
Original von Teodoro Cottrau, 1849
Melodie: Teodoro Cottrau

14. Dezember

Bestimmt besuchst auch du im Advent
einen Weihnachtsmarkt.

Märkte dieser Art gab es bereits im Mittelalter, und Frauen spielten dort eine große Rolle. Sei es als Verkäuferinnen von Waren, sei es als Kundinnen an den Marktständen.

Auch Schwangere waren von jeher darunter. Wenn eine Markthändlerin früher ein Kind erwartete, war solch ein Markttag sehr anstrengend für sie, denn Mutterschutzgesetze kamen erst im späten 19. Jahrhundert auf. So standen schwangere Verkäuferinnen lange in der Kälte und mussten hoffen, keinen Schaden zu nehmen.

Im Märchen vom König Drosselbart kannst du nachlesen, wie die frisch verheiratete – daher vielleicht auch schwangere? – Prinzessin von ihrem Mann auf den Markt geschickt wird. Eines Tages „kam ein betrunkener Husar dahergeritten, mitten in die Töpfe hinein, so dass sie in tausend Scherben sprangen. Da fürchtete sich die Frau …"

Zum Glück ging es am Ende ja gut aus.

Fast wie auf dem Weihnachtsmarkt:

Rezept für alkoholfreien Schwangerschaftspunsch

Du brauchst:

1 l Früchtetee

1 l Apfelsaft

5 unbehandelte Mandarinen

Sirup

Zimt, Zucker

Zuerst einen Liter Früchtetee aufgießen. Dann den Apfelsaft sowie Zucker und Zimt nach Belieben hinzugeben. Die Mandarinen pressen, den Saft einrühren, die Schalen in schmale Streifen schneiden und ebenfalls dazutun. Einen Schuss Sirup zugeben und etwas ziehen lassen.

Am Weihnachtsbaume die Lichter brennen

Am Weihnachtsbaume die Lichter brennen,
wie glänzt er festlich, lieb und mild,
als spräch' er: Wollt in mir erkennen
getreuer Hoffnung stilles Bild.

Die Kinder stehen mit hellen Blicken,
das Auge lacht, es lacht das Herz.
Oh fröhlich', seliges Entzücken,
die Alten schauen himmelwärts.

Text: Hermann Kletke, vor 1841 ~ gekürzt ~
Melodie: unbekannte Herkunft, um 1830

15. Dezember

Hast du schon einmal einen Stollen gebacken?

Wenn nicht, ist dieses Jahr das beste für den ersten Versuch. Denn so ein Stollen ist nicht nur ein süßes Weihnachtsgebäck. Er symbolisiert mit seiner länglichen Form und der weißen Puderzuckerschicht auch das in ein weißes Tuch gewickelte Christkind. Ein Baby also, das unabdingbar mit der Weihnachtszeit verbunden ist.

Früher verwendeten die Frauen bei der Herstellung des schweren Teiges keine Schüsseln, sondern hölzerne Backmullen. Diese länglichen Holztröge sahen aus wie kleine Wiegen und verstärkten so das Bild des Wickelkindes noch einmal.

Außerdem waren die Mullen praktisch, weil sie viel Platz zum Durchkneten boten und sich dabei „mitwiegten".

Gar nicht so schwer:
Christkindlstollen für die ganze Familie

Du brauchst:

50 g Mandelstifte

500 g Rosinen

50 g Orangeat

50 g Zitronat

50 ml Apfelsaft

400 g Mehl

1/4 l Milch

1 Würfel frische Hefe

3 EL Honig

450 g Butter

1 TL Salz

100 g Marzipanrohmasse

2 Päckchen Vanillezucker

1 unbehandelte Zitrone

etwa 150 g Puderzucker

Mandeln, Rosinen, Orangeat, Zitronat und Apfelsaft zu einer Früchtemischung vermengen. 200 g Mehl, lauwarme Milch, zerbröckelte Hefe und Honig zu einem „Vorteig" verrühren, mit etwas Mehl bestäuben und gehen lassen.

Restliches Mehl, 200 g Butter in Flocken, Salz, zerkleinertes Marzipan, Vanillezucker, abgeriebene Zitronenschale, Früchtemischung und den Vorteig verkneten. Den Teig zugedeckt gehen lassen, bis er sich etwa verdoppelt hat.

Stollenlaib formen und im vorgeheizten Backofen 15 Minuten (Umluft bei 180 Grad Celsius) backen. Dann weitere 45 Minuten bei 160 Grad Celsius backen. Dann sofort mit geschmolzener Butter bepinseln und mit Puderzucker bestreuen. Den Stollen am besten zwei Wochen bis zum Fest ziehen lassen.

Oh du fröhliche

Oh du fröhliche, oh du selige,
gnadenbringende Weihnachtszeit!
Welt ging verloren, Christ ist geboren:
Freue, freue dich, oh Christenheit!

Oh du fröhliche, oh du selige,
gnadenbringende Weihnachtszeit!
Christ ist erschienen, uns zu versühnen:
Freue, freue dich, oh Christenheit!

Oh du fröhliche, oh du selige,
gnadenbringende Weihnachtszeit!
Himmlische Heere jauchzen dir Ehre:
Freue, freue dich, oh Christenheit!

Text: Johannes Daniel Falk, 1816, und Heinrich Holzschuher, 1826
Melodie: nach einem italienischen Marienlied

16. Dezember

Zu den bekanntesten Frauengestalten des Winters zählt die Schneekönigin aus Hans Christian Andersens gleichnamigem Märchen.

Schwanger war sie nicht, wie wir wissen. Aber ein Kind wünschte sie sich in der Geschichte doch immerhin so sehnlich, dass sie sogar eines stahl.

Es ist leicht, sie deswegen zu verurteilen, denn sie ist in dem berühmten Märchen die Böse, die Kaltherzige. Sie ist der dunkle Hintergrund, vor dem sich die anderen Figuren hell und freundlich abzeichnen. Alle Frauen, die sehr lange oder vielleicht sogar vergeblich auf ein Kind warten mussten, werden die schöne Schneekönigin vielleicht etwas barmherziger berurteilen.

Sie ist die, die allein bleibt und kein Kind bekommt. Sie ist ausgeschlossen von der Wärme, die Kinder bedeuten. Auch davon erzählt das Märchen. Arme Schneekönigin!

Hier soll sie stehen als Erinnerung daran, was für ein Glück es bedeutet, ein Kind erwarten zu dürfen.

Hans Christian Andersen: Die Schneekönigin

[...] draußen trieb der Schnee.

„Das sind die weißen Bienen, die schwärmen", sagte die alte Großmutter.

„Haben sie auch eine Bienenkönigin?", fragte der kleine Knabe, denn er wusste, dass unter den wirklichen Bienen eine solche ist.

„Die haben sie!", sagte die Großmutter. „Sie fliegt dort, wo sie am dichtesten schwärmen, sie ist die größte von allen, und nie bleibt sie liegen auf Erden, sie fliegt wieder in die schwarze Wolke hinauf. Manche Winternacht fliegt sie durch die Straßen der Stadt und blickt zu den Fenstern hinein, und dann gefrieren diese sonderbar, gleich wie mit Blumen."

~ Auszug ~

Der Mond ist aufgegangen

Der Mond ist aufgegangen,
die gold'nen Sternlein prangen
am Himmel hell und klar.
Der Wald steht schwarz und schweiget,
und aus den Wiesen steiget
der weiße Nebel wunderbar.

Wie ist die Welt so stille
und in der Dämmrung Hülle
so traulich und so hold!
Als eine stille Kammer,
wo ihr des Tages Jammer
verschlafen und vergessen sollt.

Seht ihr den Mond dort stehen?
Er ist nur halb zu sehen
und ist doch rund und schön!
So sind wohl manche Sachen,
die wir getrost belachen,
weil uns're Augen sie nicht seh'n.

Text: Matthias Claudius, 1778 ~ gekürzt ~
Melodie: Johann Abraham Peter Schulz, 1790

69

17. Dezember

Für Kinder ist die Vorweihnachtszeit besonders aufregend.

Und wenn gleichzeitig ein Geschwisterkind erwartet wird, gibt es noch einen weiteren Grund gespannt zu sein. Vielleicht wirst du ja nicht zum ersten Mal Mama. Dann bietet der Advent viele Möglichkeiten, dein Kind / deine Kinder auf das zukünftige Geschwisterchen einzustimmen. Übt gemeinsam Windeln anlegen mit dem Teddybär, bastelt ein Sternen- oder Schneeflocken-Mobile für das Baby, überlegt euch, welche Wünsche das neue Geschwisterkind an den Weihnachtsmann oder das Christkind haben könnte. Es kann ja noch keinen Wunschzettel malen; ältere Kinder übernehmen das sehr gern.

Bestimmt hast du selbst viele Ideen zum Thema „Geschwisterschule" für deine Größeren. Du kannst ihnen auch erzählen, dass in früheren Zeiten die Kinderschar oft noch größer, die Geschenke hingegen viel kleiner waren.

Da gab es mitunter für jedes einfach einen roten Apfel.

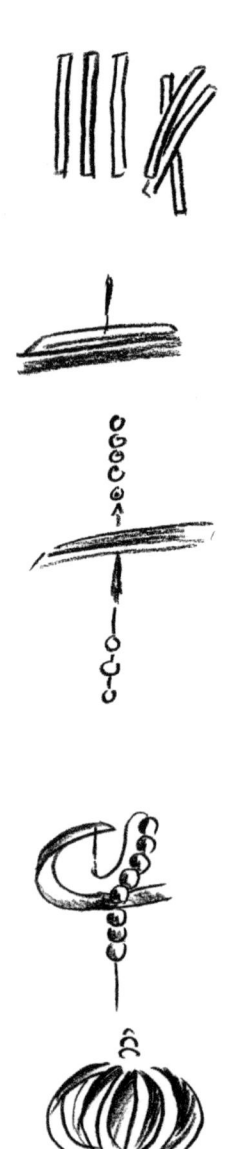

Ganz zart und rund: Schneeflocken zum Aufhängen

Material:

- weißer und goldfarbener Bastelkarton
- verschiedene Perlen zum Fädeln
- Schnur, Nadel und Schere

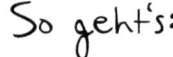

So geht's:

1. Drei weiße und drei goldfarbene Papierstreifen zuschneiden (ca. 28 x 1 cm).

2. Die Streifen farblich abwechselnd übereinander legen und in der Mitte mit einer Nadel durchstechen.

3. Zwei bis drei Perlen auf die Schnur ziehen und festknoten, dann die Papierstreifen aufziehen.

4. Weitere sechs bis sieben Perlen aufziehen und dann die Enden der Papierstreifen nacheinander durchstechen und aufziehen.

5. Eine letzte Perle als Abschluss aufziehen und die Schnur am Ende zum Aufhängen verknoten.

Vom Himmel hoch, da komm ich her

Vom Himmel hoch, da komm ich her.
Ich bring' euch gute neue Mär.
Der guten Mär bring ich so viel,
davon ich sing'n und sagen will.

Euch ist ein Kindlein heut' gebor'n,
von einer Jungfrau auserkor'n.
Ein Kindelein, so zart und fein,
das soll eu'r Freud' und Wonne sein.

Text: Martin Luther, 1535 ~ gekürzt ~
Melodie: Martin Luther, 1535

18. Dezember

Die Tage unmittelbar vor dem Fest
können recht hektisch sein.

Als Schwangere solltest du deshalb besonders darauf achten, dass der vorweihnachtliche Trubel dich nicht zu sehr belastet. Gönne dir also immer wieder Ruhepausen und entspannende Rituale.

Welches Wohlfühl-Ritual das richtige für dich ist, weißt du selbst am besten. Auch früher gab es übrigens viele Rituale für Schwangere – nicht immer zum Wohle derselben. Haare schneiden brachte angeblich Unglück; Bier sollte hingegen zur Stärkung beitragen. Immerhin wird auch berichtet, dass heißhungrige Schwangere in manchen Orten straffrei Obst von den Bäumen der Bauern holen konnten. Heutzutage wird statt der Baumkletterei eher Yoga empfohlen.

Wie gesagt: Du weißt selbst, was dir gut tut.

Orangen-Grüße:

Kleine Sonnen für dein Fenster

Material:

- einige Orangen oder Mandarinen
- rote Holzperlen
- Schere und Schnur

So geht's:

1. Orangen bzw. Mandarinen in flache Scheiben schneiden (ca. 3-5 Millimeter).

2. Auf Küchenrolle legen und zwei bis drei Tage trocknen lassen.

3. Wechselweise Scheiben und Holzperlen auf die Schnur ziehen.

4. Je nach Belieben längs oder quer ins Fenster hängen.

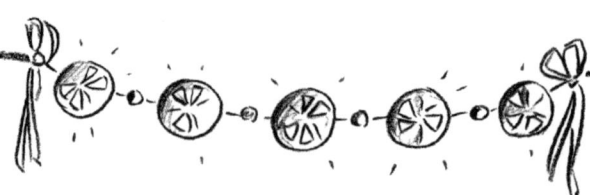

Weihnachten

Markt und Straßen steh'n verlassen,
still erleuchtet jedes Haus,
sinnend geh' ich durch die Gassen,
alles sieht so festlich aus.

An den Fenstern haben Frauen
buntes Spielzeug fromm geschmückt,
tausend Kindlein steh'n und schauen,
sind so wunderstill beglückt.

Und ich wand're aus den Mauern
bis hinaus in's freie Feld,
hehres Glänzen, heil'ges Schauern,
wie so weit und still die Welt!

Sterne hoch die Kreise schlingen,
aus des Schneees Einsamkeit
steigt's wie wunderbares Singen –
oh du gnadenreiche Zeit!

Text: Joseph von Eichendorff, vor 1837

19. Dezember

Weihnachtsgrüße an seine Lieben zu verschicken – das ist bis heute nicht aus der Mode gekommen.

Solltest du noch keine Karten versendet haben, wird es nun höchste Zeit. Wer seine Schwangerschaft seinen Lieben noch nicht mitgeteilt hat, kann es auch auf diesem Wege tun. Die Empfänger freuen sich in jedem Fall.

Weihnachtskarten haben eine lange Tradition: Es gibt ganze Sammlungen mit Weihnachtsbriefen berühmter Dichter und Denker. Theodor Storm bezeugte den regen Weihnachtspostbetrieb 1856 in einem Brief an seine Eltern:

„Es wird Weihnachten [...] Jeden Morgen, die letzten Tage, kommt der Postbote und bringt ein Päckchen oder einen Brief aus der Heimat oder aus der Fremde von Freunden. Die Weihnachtszeit ist doch noch grade so schön, wie sie in meinen Kinderjahren war."

Höchste Zeit:

Weihnachtsgrüße an deine Lieben

Mit kleinen Weihnachtssprüchen und -zitaten kannst du deine Postkarten individuell gestalten. Einfach kopieren, ausschneiden und aufkleben oder eigene Sprüche-Buttons basteln:

Engel, die Gott zugesehn, Sonn' und Mond und Sterne bauen, sprachen: Herr, es ist auch schön, mit dem Kind ins Nest zu schauen.

Clemens Brentano

Advent

Es treibt der Wind im Winterwalde die Flockenherde wie ein Hirt, und manche Tanne ahnt, wie balde sie fromm und lichterheilig wird.

Rainer Maria Rilke

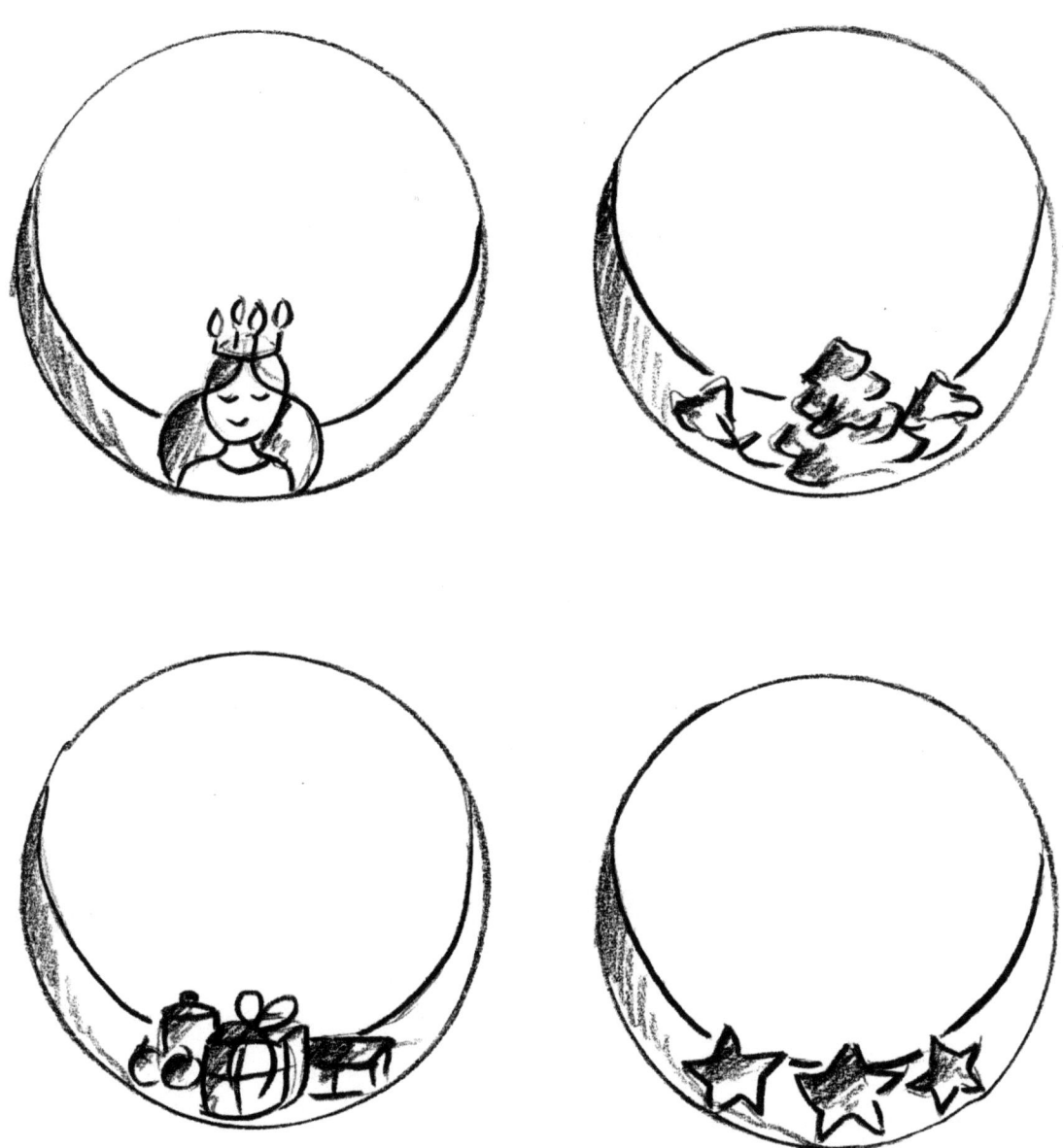

Es ist ein Ros entsprungen

Es ist ein Ros entsprungen
aus einer Wurzel zart.
Wie uns die Alten sungen,
von Jesse kam die Art.
Und hat ein Blümlein bracht
mitten im kalten Winter,
wohl zu der halben Nacht.

Das Röslein, das ich meine,
davon Jesaia sagt,
ist Maria, die Reine,
die uns das Blümlein bracht.
Aus Gottes ew'gem Rat
hat sie ein Kind geboren
und blieb eine reine Magd.

~ gekürzt ~

Text und Melodie: kirchliches Weihnachtslied, 16. Jahrhundert

20. Dezember

Für viele beginnt Weihnachten mit dem letzten
Arbeitstag im Kalenderjahr und dem Moment,
in dem sie endlich nach Hause kommen.

Es ist ein wunderbares Gefühl, die Tür aufzuschließen und zu wissen: Nun habe ich frei und Zeit für das Weihnachtsfest. Für schwangere Frauen, die noch arbeiten und nicht im Mutterschutz sind, gilt das ganz besonders. Genieße also deinen ersten freien Abend – egal welches Datum es nun genau ist – und die Aussicht auf die kommenden Tage.

Sollte dich an der Tür kein Plätzchenduft empfangen haben, bleibt noch genug Zeit, selbst dafür zu sorgen. Höre deine liebsten Weihnachtslieder beim Backen oder schaue dir zur Feier des Tages einen Weihnachtsfilm an. Auch dein Baby wird ohne Zweifel mitbekommen, wie entspannend dieser Moment für dich ist.

Herzlich willkommen also im Weihnachtsurlaub!

Gutschein

Für: ....

Von: ....

Oh Tannenbaum, oh Tannenbaum

Oh Tannenbaum, oh Tannenbaum,
wie treu sind deine Blätter.
Du grünst nicht nur zur Sommerzeit,
nein auch im Winter, wenn es schneit:
Oh Tannenbaum, oh Tannenbaum,
wie treu sind deine Blätter!

Oh Tannenbaum, oh Tannenbaum,
du kannst mir sehr gefallen!
Wie oft hat nicht zur Weihnachtszeit
ein Baum von dir mich hoch erfreut!
Oh Tannenbaum, oh Tannenbaum,
du kannst mir sehr gefallen!

Oh Tannenbaum, oh Tannenbaum,
dein Kleid will mich was lehren!
Die Hoffnung und Beständigkeit
gibt Trost und Kraft zu jeder Zeit!
Oh Tannenbaum, oh Tannenbaum,
dein Kleid will mich was lehren!

Text: August Zarnack, 1819,
und Ernst Anschütz 1824,
nach einem Lied aus dem
16. Jahrhundert

Melodie: Volksweise,
16. Jahrhundert

87

21. Dezember

Der 21. Dezember ist der kürzeste Tag im Jahr.

Er wird auch als Wintersonnenwende bezeichnet, weil von nun an die Tage wieder länger werden.

Es gibt viele Hinweise darauf, dass schon lange bevor das Christentum das Weihnachtsfest einführte, dieser Tag als Festtag im Winter gefeiert wurde. Dabei drehte sich alles um die Verehrung der wieder an Kraft und Stärke gewinnenden Sonne. Als Göttin „Sol" wurde sie beispielsweise in der nordischen Mythologie angebetet, und als „Sunna" ist sie aus der germanischen Zeit im zweiten Merseburger Zauberspuch überliefert.

In manchen Regionen – zum Beispiel im thüringischen Eisenach – wird „Frau Sunna" bis heute gefeiert und ist dort eine wichtige Frauengestalt in der Winterzeit. Sie steht für die Wiedergeburt der Sonne und des Frühlings.

Als Schwangere kannst du „Frau Sunna" als deine mächtige Schutzgöttin oder Patronin ansehen, denn mit ihr kommt neues Leben in die Welt.

Kleine Lichtbringer:
Zimtsterne

Du brauchst:

500 g gemahlene Mandeln

400 g Puderzucker

3 TL Honig

3 TL Zimt

3 Eiweiß

500 g gemahlene Mandeln, 300 g Puderzucker, Honig und Zimt mischen. Zwei Eiweiß aufschlagen und untermischen. Teig ausrollen und Sterne ausstechen. Übriges Eiweiß und 100 g Puderzucker aufschlagen und mit der Glasur die Sterne bepinseln. Bei 150 Grad Celsius 12 Minuten backen.

Guten Abend, gut' Nacht

Guten Abend, gut' Nacht,
mit Rosen bedacht,
mit Näglein besteckt,
schlupf unter die Deck:
Morgen früh, wenn Gott will,
wirst du wieder geweckt.

Guten Abend, gut' Nacht,
von Englein bewacht,
die zeigen im Traum
dir Christkindleins Baum.
Schlaf nun selig und süß,
schau im Traum's Paradies.

Text: Clemens Brentano, 1808 und Georg Scherer, 1849
nach einem niederdeutschen Volkslied
Melodie: Johannes Brahms, 1869

22. Dezember

So kurz vor dem Fest wird es
meist noch einmal hektisch.

Nun huschst vielleicht auch du eilig umher, machst letzte Besorgungen, planst Gerichte oder packst Geschenke ein. Oft sind die vielen kleinen Kleinigkeiten, die erledigt sein wollen, ja „Frauensache".

Schön belegt ist das in einem Brief des Theologen Friedrich Schleiermacher an seine spätere Ehefrau Henriette von Willich zu Beginn des 19. Jahrhunderts: „Auch ich habe den Weihnachtsabend recht schön zugebracht [...], habe geschenkt und mir schenken lassen. Aber wir Männer bleiben doch bei solchen Gelegenheiten immer im Rückstand; denn womit lassen sich die lieblichen Kleinigkeiten, von Euren eigenen Händen gearbeitet, wohl aufwiegen?"

Auch dir sei ein gutes Gelingen bei allen
Vorbereitungen gewünscht.

Ausmalen, ausschneiden, aufkleben: Hier ist das Christkindl-Postamt.

Mit Namen werden deine Geschenke noch persönlicher.

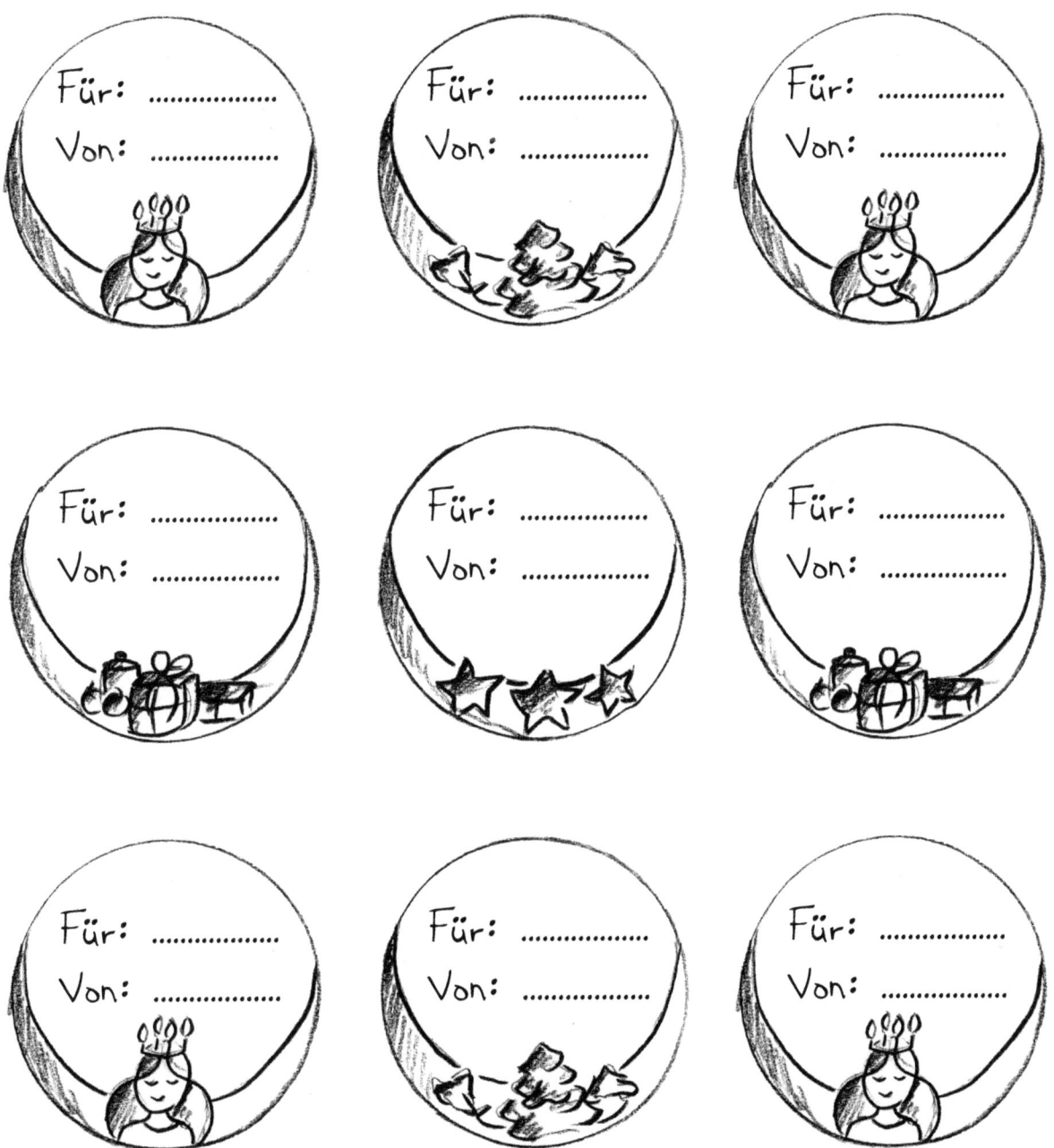

Süßer die Glocken nie klingen

Süßer die Glocken nie klingen
als zu der Weihnachtszeit,
grad als ob Engelein singen
wieder von Frieden und Freud.
Wie sie gesungen in heiliger Nacht,
Glocken mit heiligem Klang,
klinget die Erde entlang!

Klinget mit lieblichem Schalle
über die Meere weit,
dass sich erfreuen doch alle
seliger Weihnachtszeit.
Alle aufjauchzen mit einem Gesang,
Glocken mit heiligem Klang,
klinget die Erde entlang!

Und wenn die Glocken klingen,
gleich sie das Christkindlein hört,
tut sich vom Himmel dann schwingen
eilet hernieder zur Erd'.
Segnet den Vater, die Mutter, das Kind,
Glocken mit heiligem Klang,
klinget die Erde entlang!

Text: Friedrich Wilhelm Kritzinger, 1826
Melodie: thüringisches Volkslied, vor 1826

23. Dezember

Wenn es sich irgendwie machen lässt: Gehe
heute unbedingt eine Stunde spazieren und
versuche, ein wenig Ruhe vor dem großen
Fest am morgigen Tag zu bekommen.

Dein Baby freut sich über eine ruhige Stunde und etwas
Bewegung an der frischen Luft. Viele Schwangere führen
in solch stillen Minuten einen inneren Dialog mit ihrem
Baby. Das sind dann ganz innige Gespräche, deren Inhalt
niemand sonst kennt. Oft geht es um Wünsche für das
Kind, aber auch für die Frau selbst.

Manche Frauen erfinden regelrechte Zaubersprüche,
deren Magie schlechte Einflüsse fernhalten soll. Probiere
es doch selbst einmal. Deinem Kind wird es bestimmt
gefallen, wenn es deine innere Stimme hört und du einen
Weihnachtswunsch-Zauber über ihm ausstreust:

„Mein kleiner Schatz, ich wünsche dir ..."

Wie in Kindertagen: Ein Gedicht für das Christkind oder den Weihnachtsmann

Knecht Ruprecht

Von drauß' vom Walde komm ich her;
ich muss euch sagen, es weihnachtet sehr!
Allüberall auf den Tannenspitzen
sah ich goldene Lichtlein sitzen.
Und droben aus dem Himmelstor
sah mit großen Augen das Christkind hervor.
Und wie ich so strolcht' durch den finster'n Tann,
da rief's mich mit heller Stimme an:

„Knecht Ruprecht", rief es, „alter Gesell,
hebe die Beine und spute dich schnell!
Die Kerzen fangen zu brennen an,
das Himmelstor ist aufgetan.
Alt' und Junge sollen nun
von der Jagd des Lebens einmal ruh'n.
Und morgen flieg' ich hinab zur Erden,
denn es soll wieder Weihnachten werden!"

Ich sprach: „Oh lieber Herr Christ,
meine Reise fast zu Ende ist.
Ich soll nur noch in diese Stadt,
wo's eitel gute Kinder hat." –

„Hast denn das Säcklein auch bei dir?"

Ich sprach: „Das Säcklein, das ist hier:
Denn Äpfel, Nuss und Mandelkern
essen fromme Kinder gern." –

„Hast denn die Rute auch bei dir?"

Ich sprach: „Die Rute, die ist hier:
Doch für die Kinder nur, die schlechten,
die trifft sie auf den Teil, den rechten."

Christkindlein sprach: „So ist es recht;
so geh mit Gott, mein treuer Knecht!"

Von drauß' vom Walde komm ich her;
Ich muss euch sagen, es weihnachtet sehr!
Nun sprecht, wie ich's hier innen find':
Sind's gute Kind', sind's böse Kind'?

Theodor Storm

Morgen, Kinder, wird's was geben

Morgen, Kinder, wird's was geben,
morgen werden wir uns freu'n!
Welch ein Jubel, welch ein Leben,
wird in unser'm Hause sein.
Einmal werden wir noch wach,
heißa, dann ist Weihnachtstag!

Wie wird dann die Stube glänzen
von der großen Lichterzahl.
Schöner als bei frohen Tänzen
ein geputzter Kronensaal!
Wisst ihr noch, vom vor'gen Jahr
wie's am Heil'gen Abend war?

Welch ein schöner Tag ist morgen!
Neue Freude hoffen wir.
Uns're guten Eltern sorgen
lange, lange schon dafür.
Oh gewiß, wer sie nicht ehrt,
ist der ganzen Lust nicht wert.

Text: unbekannter Verfasser ~ gekürzt ~
Melodie: Carl Gottlieb Hering, 1809

24. Dezember

Nun ist er da, der Weihnachtstag!

Die vergangenen Wochen waren sicher unvergleichlich für dich, denn in der Adventszeit ein Kind zu erwarten, ist etwas ganz besonderes. Hoffentlich gab es neben aller Aufregung viele schöne und entspannte Momente für dich.

Am heutigen Abend wird viel geschenkt werden. Das größte Geschenk von allen jedoch wirst du bald in den Armen halten. Ich wünsche dir dafür viel Glück und Kraft. Ich wünsche dir, dass du und dein Baby gesund seid. Ich wünsche dir, dass ihr beide gut und ohne Sorgen in das neue Leben startet. Dass ihr umsorgt seid und einander ins Herz schließt.

Ich wünsche dir, dass es euch gut ergeht.

Warten auf den Abend
mit einer Geschichte

Der goldene Schlüssel

Im Winter, als einmal tiefer Schnee lag, musste ein armer Junge hinausgehen und Holz auf einem Schlitten holen. Als er alles zusammengesucht und aufgeladen hatte, wollte er sich ein Feuer anmachen und ein bisschen wärmen, weil er so erfroren war. Er scharrte den Schnee beiseite und fand auf dem Boden einen goldenen Schlüssel. Nun glaubte er, wo der Schlüssel sei, müsse auch das Schloss dazu sein. Er grub weiter und fand ein eisernes Kästchen. Ei, dachte er, wenn der Schlüssel nun passt, denn es sind gewiss wunderbare, köstliche Sachen darin. Er suchte, aber er fand kein Schlüsselloch. Endlich fand er doch noch ein ganz kleines und probierte. Der Schlüssel passte gerade hinein und er drehte ihn einmal herum. Nun müssen wir warten, bis er ganz aufgeschlossen hat, dann werden wir sehen, was darin liegt.

Nach der Überlieferung der Brüder Grimm

104

Stille Nacht

Stille Nacht, heilige Nacht!
Alles schläft, einsam wacht
nur das traute, hochheilige Paar.
Holder Knabe im lockigen Haar,
schlaf in himmlischer Ruh,
schlaf in himmlischer Ruh.

Stille Nacht, heilige Nacht!
Gottes Sohn, o wie lacht
Lieb aus deinem göttlichen Mund,
da uns schlägt die rettende Stund,
Christ, in deiner Geburt,
Christ, in deiner Geburt.

Stille Nacht, heilige Nacht!
Hirten erst kundgemacht,
durch der Engel Halleluja,
tönt es laut von fern und nah:
Christ, der Retter ist da,
Christ, der Retter ist da!

Text: Joseph Mohr, 1816 ~ verbreitete Fassung ~
Melodie: Franz Xaver Gruber, 1818

Erinnerungen an den
Heiligen Abend

Quellenverzeichnis

Kap. 1: „Ihr Kinderlein kommet" aus: All mein Gedanken – Deutsche Volkslieder, hrsg. v. B. Pachnicke, Edition Peters, Leipzig 1989, S. 397.

Kap. 2: „Frau Holle" (Auszug) aus: Grimms Märchen, hrsg. im Lechner Verlag, Geneva 1996, S. 100ff.

„Schneeflöckchen, Weißröckchen" aus: All mein Gedanken – Deutsche Volkslieder, hrsg. v. B. Pachnicke, Edition Peters, Leipzig 1989, S. 377.

Kap. 3: August Heinrich Hoffmann von Fallersleben: „Morgen kommt der Weihnachtsmann" aus: Weihnachtsgedichte, hrsg. v. Stephan Koranyi, Philipp Reclam jun. Stuttgart 2003, S. 57

Kap. 4: „Guten Abend, schön Abend" aus: All mein Gedanken – Deutsche Volkslieder, hrsg. v. B. Pachnicke, Edition Peters, Leipzig 1989, S. 395.

Kap. 5: „Kuchenbacken" aus: All mein Gedanken – Deutsche Volkslieder, hrsg. v. B. Pachnicke, Edition Peters, Leipzig 1989, S. 32.

Kap. 6: „Lasst uns froh und munter sein" aus: All mein Gedanken – Deutsche Volkslieder, hrsg. v. B. Pachnicke, Edition Peters, Leipzig 1989, S. 404.

Kap. 7: „Joseph, lieber Joseph mein" aus: Halleluja! Ein Weihnachtsalbum, hrsg. v. A. Steinbrecher, Universal Edition UE 10 550, S. 14f.

Kap. 8: „Fröhliche Weihnacht überall" aus: Deutsche Volkslieder. Singstimme und Klavier, hrsg. v. B. Pachnicke, Edition Peters, Leipzig 1976, S. 316, sowie Liederlust und Psalter, Cincinnati 1882, S. 187.

Kap. 9: Jesu Geburt – Auszug aus Lukas-Evangelium, Lukas 2,1–2,7, Luther-Bibel 1984, hrsg. von Deutsche Bibel Gesellschaft, Stuttgart 1999.

„Auf dem Berge, da wehet der Wind" aus: All mein Gedanken – Deutsche Volkslieder, hrsg. v. B. Pachnicke, Edition Peters, Leipzig 1989, S. 388.

Kap. 10: „Leise rieselt der Schnee" aus: All mein Gedanken – Deutsche Volkslieder, hrsg. v. B. Pachnicke, Edition Peters, Leipzig 1989, S. 401.

Kap. 11: „Alle Jahre wieder" aus: All mein Gedanken – Deutsche Volkslieder, hrsg. v. B. Pachnicke, Edition Peters, Leipzig 1989, S. 386.

Kap. 12: Charles Dickens: Der Weihnachtsabend (Auszug) aus: Wunderweiße Nacht – Erzählungen, Gedichte und Lieder für das Weihnachtsfest, hrsg. v. R. u. R. Brock, Henschelverlag Berlin, 1977, S. 108f.

„Süßer die Glocken nie klingen" aus: All mein Gedanken – Deutsche Volkslieder, hrsg. v. B. Pachnicke, Edition Peters, Leipzig 1989, S. 418.

Kap. 13: „Santa Lucia" aus: Liederschatz für gemischten Chor, hrsg. v. M. Vogel, Edition Peters, Leipzig o. J. (ca. 1900), S. 62f.

Kap. 14: „König Drosselbart" (Auszug) aus: Grimms Märchen, hrsg. im Lechner Verlag, Geneva 1996, S. 201.

„Am Weihnachtsbaume die Lichter brennen" aus: All mein Gedanken – Deutsche Volkslieder, hrsg. v. B. Pachnicke, Edition Peters, Leipzig 1989, S. 387.

Kap. 15: „O du fröhliche" aus: All mein Gedanken – Deutsche Volkslieder, hrsg. v. B. Pachnicke, Edition Peters, Leipzig 1989, S. 405.

Kap. 16: „Die Schneekönigin" (Auszug) aus: Andersens Märchen, Droemersche Verlagsanstalt Th. Knaur Nachf. München 2003, S. 359.

„Der Mond ist aufgegangen" aus: All mein Gedanken – Deutsche Volkslieder, hrsg. v. B. Pachnicke, Edition Peters, Leipzig 1989, S. 341.

Kap. 17: „Vom Himmel hoch, da komm ich her" aus: Hallelulja! Ein Weihnachtsalbum, hrsg. v. A. Steinbrecher, Universal Edition UE 10 550, S. 6.

Kap. 18: Joseph von Eichendorff: „Weihnachten" aus: Weihnachtsgedichte, hrsg. v. Stephan Koranyi, Philipp Reclam jun. Stuttgart 2003, S. 75.

Kap. 19: Theodor Storm an seine Eltern, Heiligenstadt am 20. Dezember 1856 aus: Weihnacht, hrsg. v. Almut Gauger, Bassermann Verlag 2004 (Sonderausgabe), S. 112.

Clemens Brentano: „Engel, die Gott zugesehn" aus: Weihnachtsgedichte, hrsg. v. Stephan Koranyi, Philipp Reclam jun. Stuttgart 2003, S. 68.

Rainer Maria Rilke: „Advent" aus: Weihnachtsgedichte, hrsg. v. Stephan Koranyi, Philipp Reclam jun. Stuttgart 2003, S. 18.

„Es ist ein Ros entsprungen" aus: All mein Gedanken – Deutsche Volkslieder, hrsg. v. B. Pachnicke, Edition Peters, Leipzig 1989, S. 391.

Kap. 20: „O Tannenbaum, o Tannenbaum" aus: All mein Gedanken – Deutsche Volkslieder, hrsg. v. B. Pachnicke, Edition Peters, Leipzig 1989, S. 408f.

Kap. 21: „Guten Abend, gut' Nacht" aus: All mein Gedanken – Deutsche Volkslieder, hrsg. v. B. Pachnicke, Edition Peters, Leipzig 1989, S. 342.

Kap. 22: Friedrich Schleiermacher an Heriette von Willich aus: Weihnacht, hrsg. v. Almut Gauger, Bassermann Verlag 2004 (Sonderausgabe), S. 155.

„Süßer die Glocken nie klingen" aus: All mein Gedanken – Deutsche Volkslieder, hrsg. v. B. Pachnicke, Edition Peters, Leipzig 1989, S. 418.

Kap. 23: Theodor Storm: „Knecht Ruprecht" aus: Weihnachtsgedichte, hrsg. v. Stephan Koranyi, Philipp Reclam jun. Stuttgart 2003, S. 40.

„Morgen, Kinder, wird's was geben" aus: All mein Gedanken – Deutsche Volkslieder, hrsg. v. B. Pachnicke, Edition Peters, Leipzig 1989, S. 402.

Kap. 24: „Der goldene Schlüssel" aus: Grimms Märchen, hrsg. im Lechner Verlag, Geneva 1996, S. 446.

„Stille Nacht" aus: All mein Gedanken – Deutsche Volkslieder, hrsg. v. B. Pachnicke, Edition Peters, Leipzig 1989, S. 413.

Buchempfehlungen des Verlags edition riedenburg

Hebamme Anna-Maria Held
Die *Hebammen* schülerin

Hebamme Anna-Maria Held
Hebamme Backstage

Hebamme Anna-Maria Held
HEBAMMEN PRAXIS TO GO

Sarah Schmid
Alleingeburt
Schwangerschaft und Geburt in Eigenregie
✓ Basiswissen
✓ Illustrationen und Fotos
✓ Erfahrungsberichte

Ute Taschner
Kathrin Scheck
Meine Wunschgeburt
Selbstbestimmt gebären nach Kaiserschnitt:
Begleitbuch für Schwangere,
ihre Partner und geburtshilfliche Fachpersonen
● Aufklärung und fundierte Informationen – auch für Erstgebärende und Frauen mit spontanen Geburten
● Erfahrungsberichte von Kaiserschnittmüttern
● Hilfe bei der Geburtsplanung

Heike Wolter
Meine Folgeschwangerschaft
Begleitbuch für Schwangere, ihre Partner
und Fachpersonen nach Fehlgeburt,
stiller Geburt oder Neugeborenentod
● Unterstützung in einer Zeit widersprüchlicher Gefühle
● Hilfestellungen für die Schwangerschaft nach dem Verlust eines Kindes
● Berichte von betroffenen Eltern

Unsere Bücher gibt es in der nächsten (Internet-)Buchhandlung und auf

www.editionriedenburg.at

Bibliografische Information der Deutschen Nationalbibliothek
Die Deutsche Nationalbibliothek verzeichnet diese Publikation in
der Deutschen Nationalbibliografie; detaillierte bibliografische Daten
sind im Internet über http://dnb.d-nb.de abrufbar.

Besonderer Hinweis

1. Auflage	November 2017
© 2017	edition riedenburg
Verlagsanschrift	Anton-Hochmuth-Straße 8
	5020 Salzburg, Österreich
Internet	www.editionriedenburg.at
E-Mail	verlag@editionriedenburg.at
Lektorat	Dr. phil. Heike Wolter, Regensburg
Satz und Layout	edition riedenburg
Herstellung	Books on Demand GmbH, Norderstedt

ISBN 978-3-903085-86-2